Kleines Hufeisen
Großes Hufeisen

Draußen ist Reiten am schönsten

geschrieben von Isabelle von Neumann-Cosel
illustriert von Jeanne Kloepfer

FN hufeisen sachbuch

Die Deutsche Bibliothek – CIP-Einheitsaufnahme

Draußen ist Reiten am schönsten / geschrieben von Isabelle Neumann-Cosel. Ill. von Jeanne Kloepfer. – Warendorf : FN-Verl. der Dt. Reiterlichen Vereinigung, 2000
   (FN-Hufeisen-Sachbuch) (Kleines Hufeisen – Großes Hufeisen)
   ISBN 3-88542-355-3

© 2000 **FN**verlag der
Deutschen Reiterlichen Vereinigung GmbH, Warendorf
Alle Rechte vorbehalten.
Nachdruck, auch auszugsweise, nur mit schriftlicher
Genehmigung des Verlages.

Autorin: Isabelle von Neumann-Cosel, Edingen-Neckarhausen
Illustratorin: Jeanne Kloepfer, Heidelberg
Layout: mf graphics, Marianne Fietzeck, Gütersloh
Fotos: C.T. Nebe, Ladenburg: Seiten 6, 11-12, 18, 20-22, 25, 28, 35, 40, 46, 47;
Jean Christen, Mannheim: Seiten 14, 32;
Norbert Schamper, Telgte: Seiten 36, 44;
Seite 43 entnommen aus „Handbuch Jagdreiten" von Hubert
   Stegmann und Günther Dörken
Seite 31: Zeichnungen der Giftpflanzen entnommen aus
   „FN Pferdetafel Set 1, Für Pferde giftige Pflanzen" von Uwe Spenlen,
   Köln, erschienen im **FN**verlag, Warendorf
Lithografie: Scanlight, Marienfeld
Digitale Bogenmontage, Druck und Verarbeitung:
PROOST NV, Turnhout/Belgien

Der Text dieses Buches entspricht den Regeln der
neuen deutschen Rechtschreibung.

ISBN 3-88542-355-3

Wo finde ich was?

Laufen in der großen Weite – Freies Gelände als natürliche Umgebung	4
Hier lang geht's nach Hause Von Heimfindevermögen und Fluchtinstinkt	6
Was Pferde von Natur aus mitbringen Gangart, Springvermögen	8
Willst du mein Freund sein? Geländepferde kennen lernen	10
Mit der Pflege fäng alles an Der tägliche Putz	12
Geht es dir gut? Gesundheitsfürsorge und Pflege nach dem Ritt	14
Sattel und Trense, Stiefel und Helm Die Ausrüstung für Pferd und Reiter	16
Vertrauen ist gut, Kontrolle ist besser Wann du mit dem Pferd ins Gelände darfst	18
Endlich geht es nach draußen In der Gruppe ausreiten	20
Abenteuer unterwegs Bergauf, bergab und ins Wasser	22
Tempo und Kontrolle Galoppieren im Gelände	24
Verkehrsteilnehmer Pferd und Reiter Reiten im Straßenverkehr	26
Zu Gast in der Natur Naturschutz und Umweltschutz	28
Hier droht Gefahr – Scheuen, Durchgehen, Giftpflanzen, Gewitter	30
Wo man reiten darf – und wo nicht Gesetzliche Regeln und Bestimmungen	32
Wenn ein Unfall passiert Erste Hilfe für Pferd und Reiter	34
Springen im Gelände Natürliche und künstliche Geländehindernisse	36
Der Traum vom Wanderritt Auf langen Strecken unterwegs	38
Traumziel Reiterferien Vom Ponyhof bis zum Gelände-Reitkurs	40
Wenn die Jagdhörner blasen … Alles über das Jagdreiten	42
Pferdesport im Gelände Vielseitigkeit und Distanzreiten	44
Reit-Pass und andere Abzeichen Prüfungen im Geländereiten	46

Draußen ist Reiten am schönsten

Laufen in der großen Weite
Freies Gelände als natürliche Umgebung

Licht, Luft und Platz zum Laufen

Reiten in der freien Natur, so weit das Auge reicht und die Hufe des Pferdes tragen: Das ist der **Traum** der allermeisten **Pferdefreunde** vom schönen Reiten. Tatsächlich sind Pferde von **Natur** aus wie geschaffen dafür, **lange Strecken** zu laufen. Daher macht das **Ausreiten** auch fast allen Pferden einfach Spaß. Vielleicht träumen sich unsere Pferde auf einem langen Ritt in die Zeit zurück, als ihre **Vorfahren** noch in der weitläufigen Steppe lebten. Ein kleiner Rest vom ursprünglichen **Steppenbewohner** steckt jedenfalls auch noch im gemütlichsten, braven Schulpferd oder im vierbeinigen Leistungssportler, der normalerweise im Dressurviereck oder Springparcours zu Hause ist. Genügend **Bewegung** ohne Stress und gemeinsam mit **Artgenossen** – das gefällt jedem Pferd. Ausreiten ist die selbstverständlichste und natürlichste Art, den **Reitsport** auszuüben.

> **Tipp**
> → Gönne deinem Pferd so oft wie möglich eine natürliche Umgebung.

Das ranghöchste Pferd verteidigt sein Vorrecht an der Wasserstelle.

Scharfe Augen, gespitzte Ohren

Pferde sind besser für das Leben in der freien Natur ausgerüstet als wir Menschen. Sie haben schärfere **Sinnesorgane**, das heißt vor allem: Sie sehen, hören und riechen mehr und besser. Ständig **beobachten** sie ihre Umgebung. Eine winzige Bewegung in weiter Ferne, eine am Boden huschende Maus, ein leises **Knistern** im Gebüsch, durch das sich ein Tier verrät, der unangenehme **Geruch** einer in der Nähe liegenden Müllkippe: Das alles können Pferde **wahrnehmen**, während ihren Reitern im Sattel nichts auffällt. Selbst in der Dämmerung und im **Dunkeln** können Pferde sich sicher zurechtfinden.

Auch mit dem **Wetter** kennen sie sich aus: Sie schonen bei **Hitze** ihre Kräfte und sorgen bei großer Kälte von allein für die nötige Bewegung. Ein frischer **Wind** lässt sie munter werden, Schwüle dagegen schlapp. Scharfem Wind und kaltem **Regen** drehen sie den Rücken zu und sie stehen unter Anspannung, bevor ein **Gewitter** losbricht.

Erfahrene Pferde wissen von selbst, welche **Gangart** und welches **Tempo** der Boden gerade erlaubt:
- federnder **Grasboden** verlockt sie zum Vorwärtsgehen,
- trittsicher bewegen sie sich durch unebenes **Gelände**,
- instinktiv meiden sie trügerischen **Sumpf**
- und für ihr Leben gern stapfen sie durch frischen **Pulverschnee**.

➔ Beim Ausreiten kannst du ein Pferd am besten kennen lernen.

Wer ist der Stärkere?

Pferdeherde – Pferdegruppe

Am liebsten gehen Pferde gemeinsam mit anderen in einer Gruppe. Als **Herdentiere** fühlen sie sich nur in der Gemeinschaft wohl und sicher. Eine Herde wird von Leithengst und Leitstute angeführt und unter den einzelnen Tieren herrscht eine strenge **Rangordnung**.

Auf einem Ausritt kannst du beobachten, dass sich Pferde wie in einer Herde benehmen: Willig folgen sie einem sicheren **Führpferd**. Und ein Konkurrent stachelt leicht ihren **Ehrgeiz** an.

➔ Beim Ausreiten musst du ganz besonders mit dem Herdenverhalten deines Pferdes rechnen.

Draußen ist Reiten am schönsten

Hier lang geht's nach Hause
Von Heimfindevermögen und Fluchtinstinkt

Sicher in der Gruppe

Daher ist auch der **Ausritt** in der **Gruppe** oder wenigstens **zu zweit** für das Pferd viel angenehmer und für dich viel weniger gefährlich als ein Ausritt **allein**. Ohne **Pferdegesellschaft** in Sichtweite sind Pferde aufgeregter und ängstlicher. Sie müssen geduldig an das **Alleinsein** gewöhnt werden.

→ Sammle Erfahrungen beim Ausreiten in der Gruppe, bevor du planst allein auszureiten!

Sichere Instinkte

Ihr sicherer **Instinkt** verrät den Pferden nicht nur drohendes Unwetter, nahendes Wild oder den sicheren Weg nach Hause. Sie haben einen untrüglichen **Ortssinn** und erkennen jeden Weg wieder, auf dem sie einmal gegangen sind. Und Pferde wissen immer, in welcher **Richtung** es zum Heimatstall geht. Manche werden sogar schneller, sobald sie mit der Nase in diese Richtung laufen.

→ Im Gelände bemerkst du das **Instinktverhalten** deines Pferdes sehr viel deutlicher als in der Reithalle. Stelle dich darauf ein!

Tipp

→ **Wenn du die Orientierung verloren hast, vertrau auf dein Pferd; es kennt den Heimweg.**

Pferde haben einen sehr guten Orientierungssinn – sie finden immer wieder nach Hause.

Schwankend zwischen Furcht und Neugier.

Friedliebende Fluchttiere

Pferde sind **friedliche Pflanzenfresser**. Das **Fluchtverhalten** haben unsere heutigen Pferderassen von ihren wild lebenden Vorfahren geerbt. Pferde fliehen vor allem, was sie nicht kennen und ihnen möglicherweise gefährlich erscheint. Mit ihrer **Angst** können Pferde auch uns Menschen in **Gefahr** bringen.

Leider können wir unseren Pferden heute zum Ausreiten keine **unberührte Natur** mehr bieten. Reiter müssen heute überall mit **Begegnungen** rechnen, vor denen Pferde vielleicht Angst haben:

- Straßenverkehr mit Lastwagen und Motorrädern
- große landwirtschaftliche Maschinen
- forstwirtschaftliche Arbeiten mit der Motorsäge
- Jogger, Scater, Biker
- ungewöhnliche Bauten wie Wasserwerk, Klärwerk, Umspannwerk

Zum Glück sind Pferde nicht nur ängstlich, sondern auch **neugierig**!

Gute Vorbereitung

Ohne vorbereitendes **Training** der Pferde und **Gewöhnung** an all das, was ihnen unterwegs vielleicht begegnet, wird Ausreiten zum gefährlichen Leichtsinn. Aber auch für den **Reiter** ist vorbereitender **Unterricht** unerlässlich!

➔ In einer **fachgerechten Reitausbildung** lernst du, dein Pferd selbst in schwierigen Situationen unter Kontrolle zu behalten.

Mit der **richtigen Vorbereitung** kann das Reiten im Gelände auch für dich die **schönste Art des Reitens** werden. Und noch ein Vorteil: Am Ausreiten kannst du ein ganzes Reiterleben lang Freude behalten!

Draußen ist Reiten am schönsten

Was Pferde von Natur aus mitbringen Gangarten, Springvermögen

Die Grundgangarten

Allen Pferden – ganz egal, aus welcher Rasse sie stammen – sind die drei **Gangarten** Schritt, Trab und Galopp angeboren. Man spricht deswegen auch von den **Grundgangarten.** Auch die Wildpferde bewegten sich in diesen drei Gangarten vorwärts: beim stundenlangen Grasen im gemächlichen **Schritt**, auf dem Weg zum Wasser und auf der Suche nach neuen Futterplätzen im ausdauernden **Trab**, auf der Flucht im rasenden **Galopp**.

> **Tipp**
> → Suche die Gelegenheit, einmal einen Tölter zu reiten – diese Gangart ist außerordentlich bequem.

- **Schritt** ist ein Viertakt, bei dem alle Beine nacheinander nach vorn bewegt werden.
- **Trab** ist ein Zweitakt. Jeweils ein diagonales Beinpaar wird nach vorn bewegt. Im Moment der **freien Schwebe** dazwischen ist kein Pferdebein am Boden.
- **Galopp** ist ein Dreitakt, er kann (jeweils spiegelverkehrt) als Rechts- oder Linksgalopp vorkommen. Auch wenn das Pferd zum **Galoppsprung** abgedrückt hat, ist kein Bein mehr auf dem Boden.
- Mit einem kraftvoll vergrößerten Galoppsprung können Pferde hohe und weite **Hindernisse** überwinden.

Hier siehst du den Unterschied zwischen Tölt (links) und Pass (rechts).

Schritt

Galopp

Trab

Die Spezialgangarten

Manchen Pferde- und Ponyrassen sind noch weitere Gangarten angeboren. Berühmt sind die Isländer, unter denen es regelrechte **Fünfgänger** gibt – sie bieten den bequemen **Tölt** und den schnellen **Pass** an.

Der **Tölt** ist besonders **angenehm** und fast erschütterungsfrei für den **Reiter**. Im schnellen **Rennpass** dagegen entwickeln die Pferde eine ungeheure **Geschwindigkeit**. Dabei bewegen die Pferde stets Vorder- und Hinterbeine auf einer Seite des Körpers gleichzeitig nach vorn.

In Ruhe vorwärtskommen

Jeder längere **Ausritt** sollte so **eingeteilt** werden, wie es der Natur der Pferde am besten entspricht.

- **Schritt** ist die wichtigste Gangart.
- Im **Trab** lassen sich problemlos längere Strecken überwinden und übermütige Pferde beruhigen.
- **Galoppieren** bleibt die Ausnahme – und nur, wenn die Pferde dabei **sicher unter Kontrolle** sind.

Beim Galoppieren in der Gruppe sind die Pferde besonders **ehrgeizig**.

Springen im Gelände solltest du dir nur zutrauen, wenn ihr beide – du und dein Pferd – dafür ausgebildet seid.

➡ Bedenke stets, dass Galopp die **Fluchtgangart** der Pferde ist, in der sie sich leicht aufregen.

Draußen ist Reiten am schönsten

Willst du mein Freund sein? Geländepferde kennenlernen

Geländepferde aller Rassen

Weil Ausreiten eine natürliche Art der Fortbewegung für alle Pferde ist, **eignen** sich grundsätzlich auch **alle Pferderassen** für das Ausreiten. Aber natürlich ist es ein großer **Unterschied**, ob du auf einem gemütlichen Haflinger oder einem sensiblen Araber unterwegs bist – unterschiedliche **Rassen** bringen ganz **verschiedene Eigenschaften** mit.

- **Warmblüter** sind kraftvolle, athletische Pferde – bei ihrer Zucht wird auf gute Eigenschaften als Reitpferd für alle Sparten Wert gelegt.
- **Vollblüter** (Araber und englische Vollblüter, die Rennpferde) sind schnell und empfindlich – sie fordern einen einfühlsamen, erfahrenen Reiter.
- **Robustrassen** (wie Shetlandponys, Islandponys, Haflinger oder Norweger) sind von Natur aus ausgeglichen und haben einen klaren Kopf.
- **Westernpferde** werden für die Arbeit im Gelände gezüchtet – sie sind angenehme, verlässliche Partner.

> **Tipp**
> → Sei selbstkritisch – nicht jedes Pferd passt zu dir und zu deinen Fähigkeiten!

Westernpferde sind gute und verlässliche Partner im Gelände.

Unterschiedliche Pferderassen bringen unterschiedliche Eigenschaften für das Ausreiten mit.

Temperament und Charakter

Um ein Pferd richtig **einzuschätzen**, reicht freilich die Zugehörigkeit zu einer bestimmten Rasse nicht aus. Denn jedes Pferd ist anders: Es verfügt über eine ganz besondere, unverwechselbare **Persönlichkeit**. Es gibt neugierige, freundliche, selbstbewusste, freche, unterwürfige oder zurückhaltende Pferde. Sie können phlegmatisch, nervös, ängstlich oder ganz gelassen sein.

Ein Pferd mit **ausgeglichenem Temperament** und **freundlichem Charakter** wird im Allgemeinen ein angenehmer Partner sein.

Aber nicht jedes Pferd **passt** zu jedem Reiter! Ein **ängstlicher Reiter** kommt sicher nicht mit einem Pferd zurecht, das genauso unsicher ist wie er selbst. Ein nervöses Pferd und ein **nervöser Reiter** steigern sich gegenseitig schnell in Aufregung hinein. Und ein langsam reagierender, **vorsichtiger Reiter** wird große Mühe damit haben, ein phlegmatisches Pferd vorwärts zu treiben.

→ Dein Geländepferd sollte in Temperament und Charakter zu dir passen.

Ausbildung, Haltung, Tagesform

Aber neben den **angeborenen** Eigenschaften gibt es noch weitere Faktoren, die ausschlaggebend für ein **angenehmes Geländepferd** sind.

- Das **Alter**: Ältere, erfahrene Pferde sind ausgeglichener und in ihrem Benehmen viel gleichmäßiger als junge, unerfahrene Pferde.
- Die **Ausbildung**: Nur ein gut ausgebildetes Pferd ist ein angenehmer Partner. Leichte Hilfen reichen, um sich mit ihm zu verständigen.
- Der **Trainingszustand**: Zusätzlich zur Ausbildung muss auch das Training für die gestellten Anforderungen im Gelände stimmen.
- Die **Haltung**: Pferde, denen regelmäßig Gelegenheit zur freien Bewegung geboten wird (Koppel oder Auslauf) sind ausgeglichener als Pferde, die nur in einer Box leben. Die Fütterung muss der Leistung angemessen sein!
- Die **Tagesform**: Schließlich spielt es auch eine Rolle, ob ein Pferd am Vortag viel gearbeitet hat oder nicht und ob es sich wohl und gesund fühlt.

Draußen ist Reiten am schönsten

Mit der Pflege fängt alles an
Der tägliche Putz

Vor jedem Reiten

Pferde, die im Stall gehalten werden, brauchen tägliche **Fellpflege**. Auch ein Pferd, das auf der Weide lebt, musst du vor dem Ausreiten **putzen**.

Dabei geht es nicht nur um ein sauberes Fell. Du kannst zugleich

> *Tipp*
> → Nimm dir Zeit für die tägliche Pflege; Pferde genießen es, umsorgt zu werden.

■ einen ersten **Kontakt** zum Pferd herstellen;

■ beobachten und fühlen, ob das Pferd **gesund** ist.

→ **Taste** das Fell des Pferdes beim Putzen gründlich ab. So erkennst du kleine **Verletzungen**, Schwellungen oder Hautveränderungen.

Um das Fell eines Pferdes zu säubern, gibt es verschiedene **Methoden** und unterschiedliches **Werkzeug**. Wie du am besten vorgehst, hängt davon ab, ob das Pferd ein kurzes dünnes **Sommerfell** oder ein langes dichtes **Winterfell** hat, ob es eingedeckt im **Stall** steht oder sich regelmäßig **draußen** wälzt.

Reste der Einstreu oder Sand bürstest du zunächst mit einer **Wurzelbürste** ab. Um verklebte Stellen aufzurauen, eignet sich ein **Striegel**. Mit einer weichen Bürste, der **Kardätsche**, bürstest du die Haare in Fellrichtung glatt. Nimm auf der linken Seite des Pferdes die Bürste in die linke Hand und umgekehrt. **Streife** die Bürste nach jedem Strich am Striegel ab, und zwar von deinem eigenen Körper weg. So fliegt dir weniger Staub ins Gesicht.

→ Achte beim Putzen besonders auf alle Stellen, an denen **Sattel** und **Trense** aufliegen!

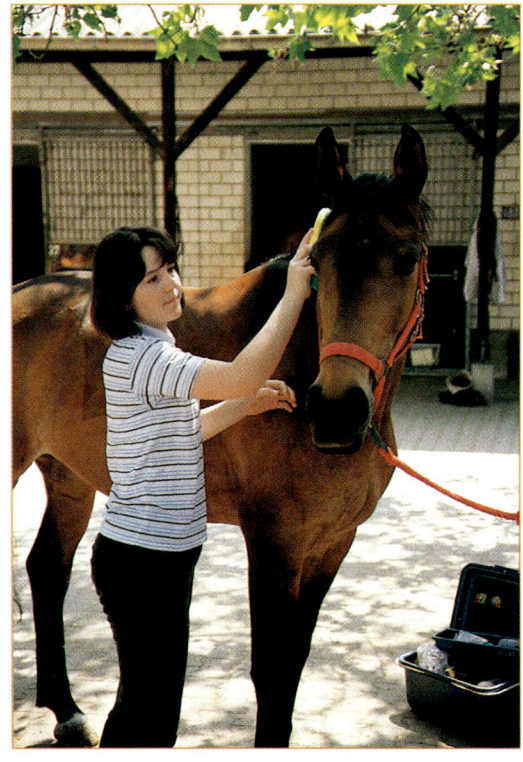

Bei der Pferdepflege kannst du am leichtesten Freundschaft mit einem Pferd schließen.

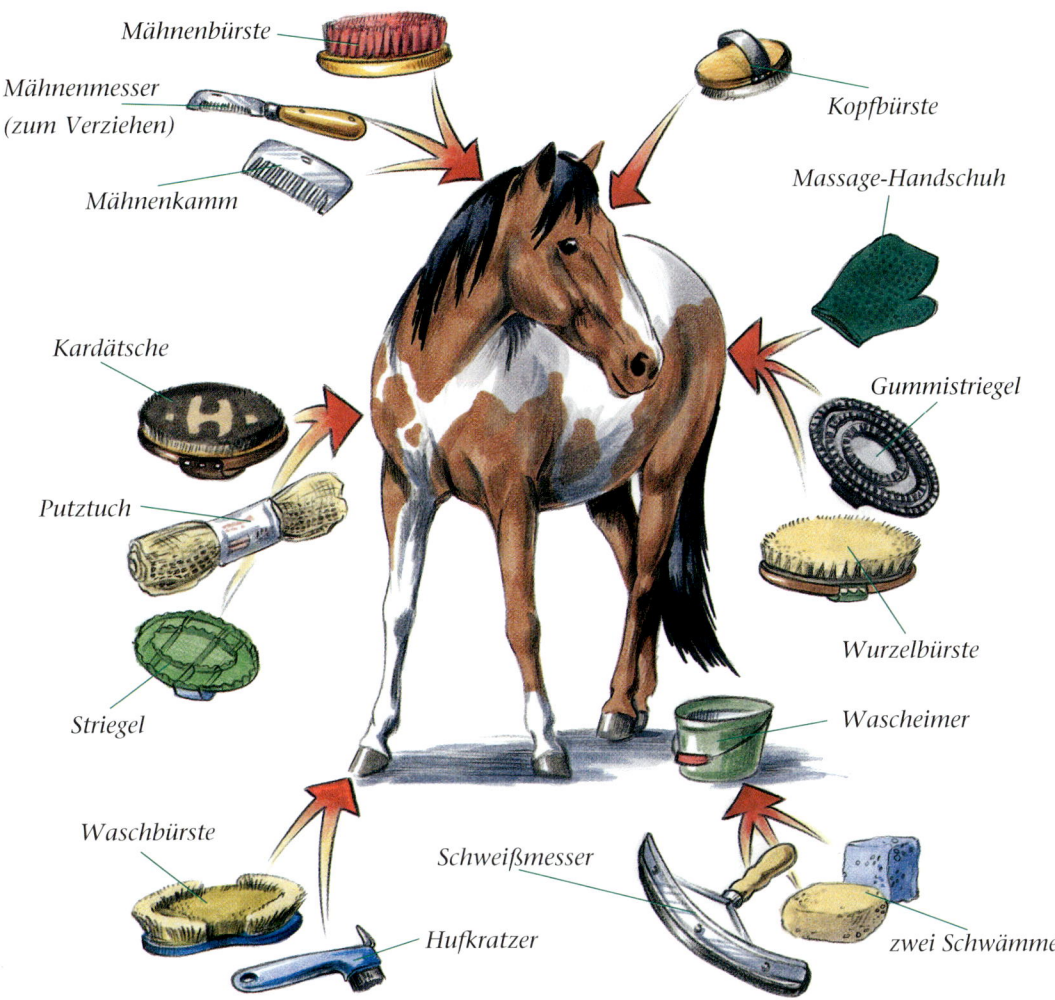

Langhaarpflege

Bei der Pflege von **Mähne** und **Schweif** ist es wichtig, kein Haar auszureißen. Schweifhaare brauchen viele Jahre, bis sie nachgewachsen sind! **Bürste** die **Mähne** mit einer nicht zu harten Bürste glatt auf eine Seite.

Verlese (entwirre) die **Schweifhaare** am besten mit den Fingern. Den Schweif solltest du nur dann mit einer Bürste bearbeiten, wenn du ihn vorher mit Schweifspray eingesprüht hast.

Von den Nüstern bis zu den Hufen

Das wichtigste Mittel für die Pflege der **Hufe** ist Wasser. Stelle dir einen Wassereimer mit zwei **Schwämmen** und einer **Waschbürste** bereit. Wische zuerst Augenwinkel, Nüstern und Maulwinkel des Pferdes sowie – mit einem andern Schwamm – den After feucht ab. Wasche die Hufe regelmäßig von außen und innen. Sobald sie getrocknet sind, kannst du sie mit **Huffett** oder **Huföl** einpinseln.

Draußen ist Reiten am schönsten

Geht es dir gut?
Gesundheitsfürsorge und Pflege nach dem Ritt

Nach jedem Ritt

→ **Decke** ein verschwitztes Pferd zum Schutz vor **Zugluft** ein.

> **Tipp**
> → Pflege bei Minusgraden nicht mit Wasser, damit aus dem Putzplatz keine Eisbahn wird.

Gerade **nach** einem längeren **Ausritt** ist es wichtig, sich gründlich mit dem Pferd zu beschäftigen. Dabei kannst du erkennen:

- Ist das Pferd **gesund**? Benimmt es sich normal oder zeigt es besondere Anzeichen von **Erschöpfung** oder **Unruhe**?
- Hat es sich beim Ausritt **kleine Verletzungen** (mit Vorliebe an den Beinen) zugezogen?
- Sind die **vier Hufe** und, falls vorhanden, die **Hufeisen** in Ordnung? Sind alle **Hufnägel** vorhanden? Ist der Huf an einer Stelle ausgebrochen?
- Hat sich das Pferd eine **Druck-** oder **Scheuerstelle** vom Kopfzeug, Sattel oder Sattelgurt zugezogen?

→ Abgegrenzte Flecken in der Sattellage, die besonders schnell trocknen, können dir einen beginnenden **Satteldruck** ankündigen.

Wische **Schweißstellen** in der **Sattellage**, in der **Gurtlage**, am **Kopf** und zwischen den **Hinterbeinen** feucht ab, wenn es nicht zu kalt ist. Prüfe immer nach, ob das Pferd hinter den **Ohren** geschwitzt hat oder ob die **Kinngrube** durch Schweiß und Schaum verklebt ist.

→ Pferde werden am liebsten mit **lauwarmem Wasser** bearbeitet.

Wenn das Pferd nur wenig oder gar nicht geschwitzt hat, kannst du das Fell trocken glatt bürsten.

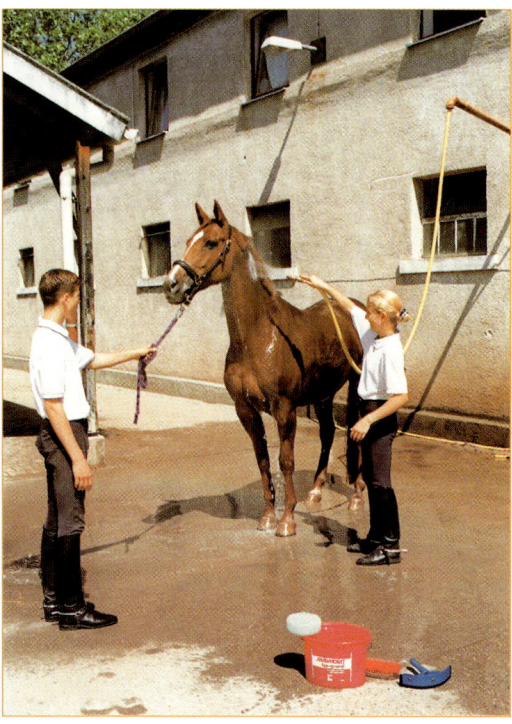

An heißen Tagen genießen Pferde eine kalte Dusche – wenn sie daran gewöhnt sind.

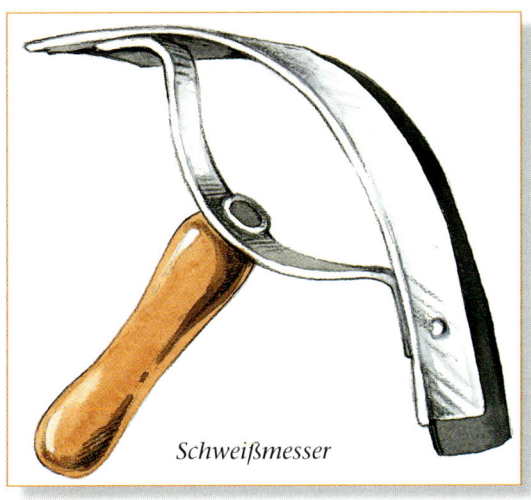
Schweißmesser

Hufe und Beine abspritzen

Ein Wasserschlauch kann dir für die Pflege nach dem Ritt gute Dienste leisten. **Kühle** zunächst mit einem nicht zu scharfen Wasserstrahl die **Sehnen** aller vier Beine. Beginne bei den Hinterbeinen und arbeite dich vom Huf an langsam aufwärts. Bearbeite und säubere auch gleich die **Hufe** von außen und innen. Hufe und Beine (bis zur halben Höhe) kannst du auch bei kühlem Wetter abspritzen.

➜ Sei vorsichtig: Nicht jedes Pferd mag die Behandlung mit Wasser.

➜ Verzichte bei kühlem, scharfem **Wind** auf den Umgang mit Wasser.

Reibe ein feuchtes Pferd stattdessen mit einem alten Handtuch oder Stroh ab. Wenn es noch schwitzt, dann lege auch im Stall eine leichte **Abschwitzdecke** auf. Vergiss nicht, sie nach einer halben Stunde abzunehmen.

Mit einem nicht zu scharfen Wasserstrahl werden die Sehnen gekühlt.

Die große Wäsche

Wenn das Wetter es erlaubt, ist die beste Pflege nach dem Ausritt eine intensive **Dusche**. Lass dir dabei am besten von jemandem helfen. Wie weit du dabei mit dem Schlauch arbeiten kannst, ist von Pferd zu Pferd verschieden. Abspritzen an der **Brust** und in der Sattellage dulden die meisten Pferde. Am **Kopf** solltest du dagegen nur mit einem Schwamm arbeiten.

Du kannst ein mildes Shampoo benutzen, um das Fell gründlich zu säubern. Spüle die Überreste gut ab!

Mit einem **Schweißmesser** streifst du die restliche Feuchtigkeit aus dem Fell. Trockne zusätzlich die empfindlichen **Fesselbeugen** ab.

➜ **Führe** das Pferd an der frischen Luft, bis es trocken ist!

Draußen ist Reiten am schönsten

Sattel und Trense, Stiefel und Helm
Die Ausrüstung für Pferd und Reiter

Von Kopf bis Fuß

Deine eigene **Reitausrüstung** sollte sicher, bequem und praktisch sein.

Deine **Reithose** soll dir gut passen, dich nicht einengen, aber auch keine Falten schlagen. Eine fachgerechte **Fußbekleidung** reicht bis über die Knöchel und hat einen Absatz, damit dein Fuß nicht zu weit durch den Steigbügel rutscht. Du hast die Wahl zwischen hohen **Stiefeln** aus Leder oder Plastik oder knöchelhohen **Stiefeletten**. Sie werden entweder mit langen Jodhpurreithosen oder kniehohen Chaps kombiniert. Dein **Oberteil** sollte eng am Körper anliegen – Hemden oder Shirts werden am besten in die Hose gesteckt. Praktisch sind **Reitwesten** ohne Ärmel.

→ Reite nie ohne **Sicherheits-Reithelm**, der die gültige EU-Norm 1284 erfüllt.

> **Tipp**
> → Überprüfe die Ausrüstung deines Pferdes vor jedem Ausritt – auch wenn du ein fremdes Pferd reitest.

- Reithelm mit Überzug
- Sicherheits-Reithelm
- Reitweste
- Reithose
- Reitstiefel
- Haare geflochten
- Oberteil in die Hose gesteckt
- knöchelhohe Stiefel mit Absatz
- Jodhpurhose
- kurze Chaps

Die Ausrüstung des Geländepferdes

Für kurze oder mittlere Ausritte (nicht länger als zweieinhalb Stunden) ist die **Ausrüstung des Pferdes** die gleiche wie für eine Reitstunde in der Bahn. Unverzichtbar sind **Sattel** und **Trense**. Am günstigsten ist ein **Vielseitigkeitssattel**, der es dir erlaubt, bequem mit unterschiedlichen Bügellängen zu reiten. Dazu gehört eine gut passende, saugfähige **Unterdecke**, die den Pferdeschweiß aufnimmt, ohne die Form zu verlieren.

Die Trense muss – wie auch der Sattel – dem Pferd gut **passen**. Wichtig ist eine komplette Trense mit eingeschnalltem **Reithalfter** – hier auf dem Bild siehst du ein kombiniertes Reithalfter.

Als **Hilfszügel** für das Reiten im Gelände eignet sich nur das gleitende **Ringmartingal**. Es soll so lang geschnallt sein, dass es nur einwirkt, wenn das Pferd den Kopf extrem hoch nimmt. Dann hilft es dir, die **Kontrolle** über das Pferd zu behalten.

➡ Reite nicht mit Ausbindezügeln ins Gelände. Das Pferd braucht **Halsfreiheit**, um sich in schwierigen Situationen oder beim Stolpern ausbalancieren zu können!

Eine gute Vorsichtsmaßnahme ist es, die empfindlichen Beine des Pferdes mit Hilfe von **Gamaschen** vor äußeren Verletzungen zu schützen.

➡ Merke dir: Gamaschen werden immer an der Außenseite des Beines und immer von vorne nach hinten geschlossen.

Eine gute Idee ist es, deinen **Regenschutz** für den Ausritt hinten am Sattel zu befestigen. Manche Sättel haben eingenähte Ringe für diesen Zweck. Denke an eine kurze **Gerte** und gewöhne dir an, mit **Handschuhen** zu reiten – auch im Sommer. Mit Reithandschuhen lernst du die korrekte Zügelführung viel leichter.

Draußen ist Reiten am schönsten

Vertrauen ist gut, Kontrolle ist besser
Wann du mit dem Pferd ins Gelände darfst

Nie ohne Reitausbildung

Auch wer am liebsten im Gelände reiten will, braucht eine fachgerechte **Reitausbildung**. Die sichere Kontrolle über ein Pferd will gelernt sein!

> **Tipp**
> ➡ Nutze jede Gelegenheit, deine reiterlichen Fähigkeiten durch guten Unterricht zu verbessern!

Es gibt Reitställe, die – mit Vorliebe an Urlaubsorten – **Ausritte** auch für **ungeübte Teilnehmer** anbieten. Dabei wird der Herdentrieb der Pferde und ihr Hang zu festen Gewohnheiten ausgenutzt: Hinter einem sicheren **Führpferd** her auf einer immer gleichen Strecke absolvieren diese Pferde den Ausritt wie von allein. Aber wehe, wenn ein unvorhergesehenes **Problem** auftritt, ein Pferd zum Beispiel erschrickt! Mit ein wenig Phantasie lassen sich viele Möglichkeiten dafür ausdenken. In einer solchen Situation ist ein ungeübter Reiter völlig **hilflos**. Ein schlimmer **Unfall** ist sozusagen vorprogrammiert.

➡ Reite erst aus, wenn du gelernt hast, dich auch in schwierigen Situationen **sicher** mit einem Pferd **zu verständigen**!

Alles, was du beim Ausritt können musst, kannst du in der **Reitbahn** lernen. In einer geschützten, sicheren Situation übernimmst du Schritt für Schritt die **selbstständige Kontrolle** über das Pferd. So wirst du sicher im Sattel.

Reiten lernen macht Spaß – Kegel helfen beim Zurechtfinden im Dressurviereck

Der Dressursitz: Du erkennst ihn am aufrechten Oberkörper und am tiefen Knie. Ellbogen, Hand und Pferdemaul bilden eine gerade Linie.

Der leichte Sitz: Du erkennst ihn am vorgeneigten Oberkörper und gebeugten Knie. Die Linie vom Ellbogen zum Pferdemaul bleibt.

Vom Sitz zur Einwirkung

Zu Beginn deiner Reitausbildung erlernst du den richtigen Sitz. Die beiden wichtigsten Sitzformen, den gestreckten Dressursitz, bei dem du tief im Sattel sitzt und den leichten Sitz, bei dem du den Pferderücken entlastest, siehst du auf den Zeichnungen oben. Diese beiden Sitzformen sind keine starren Positionen, sondern Haltungen des Reiters, die er immer wieder neu an die Pferdebewegung anpassen muss. Zwischen beiden Sitzarten sind stufenlose Zwischenformen möglich.

Das harmonische, flüssige Mitgehen mit der Pferdebewegung zeichnet den guten Sitz aus. Damit dir das gelingt, musst du zunächst lernen, deinen Körper auszubalancieren und auf den Rhythmus der Pferdebewegung einzugehen. Je besser dein Gleichgewicht ist, desto eher wird es dir gelingen, korrekte Hilfen zu geben. Sie sind deine Mittel zur Verständigung mit dem Pferd. Man unterscheidet:
- Gewichtshilfen
- Schenkelhilfen
- Zügelhilfen
- Hilfsmittel: Stimme, Gerte, Sporen

Am wichtigsten sind die fast unsichtbaren Gewichtshilfen. Durch leichte Gewichtsverlagerungen kannst du dein Pferd antreiben, zurückhalten und die Richtung bestimmen.

Für alle Gangarten, für jedes Tempo und für die Übergänge dazwischen gibt es korrekte Hilfen. Sie richtig anzuwenden, braucht viel Übung.

→ Fit für das Ausreiten bist du, wenn du die Gangart, das Tempo und den Weg eines Pferdes sicher kontrollieren kannst.

Draußen ist Reiten am schönsten

Endlich geht es nach draußen
In der Gruppe ausreiten

Endlich nach draußen

Dein erster Ausritt wird in einer **Gruppe** unter fachgerechter **Anleitung** stattfinden. Pferde sind genauso gesellig wie wir Menschen – sie fühlen sich nur in Gemeinschaft wohl und sicher. Allein zu sein ist für das **Herdentier** Pferd eine unnatürliche Situation. In einer **Pferdegruppe** vertrauen sie sich gern der Führung eines erfahrenen Pferdes an. Hinter einem sicheren **Führpferd** geht auch dein Pferd an möglichen Gefahrenstellen beruhigt vorbei. Und hinter einem sicheren **Anfangsreiter** wirst auch du viel weniger Angst vor möglichen Schwierigkeiten haben.

Pferde orientieren sich an ihren **Pferdenachbarn** in Bezug auf Gangart und Tempo, aber auch in Bezug auf Aufmerksamkeit oder Gelassenheit.

→ Nur ein sehr sicherer Reiter mit einem gut ausgebildeten Pferd darf sich zutrauen, **allein auszureiten**.

Tipp
→ Scheue dich nicht, bei einem Ausritt alle anderen um Rücksicht zu bitten, wenn du dich unsicher fühlst.

Zu zweit ausreiten – das macht nicht nur Reitern, sondern auch Pferden Spaß.

Bei einem Gruppen-Ausritt wird die Reihenfolge von Pferden und Reitern vor dem Abritt festgelegt.

Das Sandwich-System

Deswegen hat es sich als praktisch erwiesen, die vierbeinigen Teilnehmer eines Ausrittes in Zweierreihen zu sortieren. Dabei wird auf Pferdefreundschaften, auf das jeweilige Temperament und die Eigenarten jedes Pferdes Rücksicht genommen. Ein kundiger Ausbilder weiß genau, in welcher Reihenfolge die Pferde sich am wohlsten fühlen.

An der Spitze der Gruppe sorgt ein kundiger Führer für das richtige Tempo. Der Schlussreiter – scherzhaft „Lumpensammler" genannt – behält den Überblick über die Gruppe und kann bei Schwierigkeiten schnell eingreifen.

Die einmal festgelegte Reihenfolge muss bei einem Ausritt deswegen immer eingehalten werden. Aber auch der Abstand muss stimmen: sowohl zum Nachbarpferd wie auch – das ist natürlich schwieriger – zum Vorderpferd.

Im Gelände sind die meisten Pferde eifriger als in der Reitbahn. Es ist ganz normal, dass anfangs Probleme mit dem richtigen Sicherheitsabstand auftreten. Eine gute Technik ist es daher, leicht versetzt zum Vordermann zu reiten.

→ Vermeide auf jeden Fall – notfalls unter Aufbietung all deiner Kräfte – auf das vor dir gehende Pferd aufzureiten!

Rücksichtsvoll reiten

Beim Reiten in der Gruppe gibt es einige wichtige Spielregeln:
- Gangart und Tempo richten sich nach dem schwächsten Reiter und dem schwierigsten Pferd.
- Ankündigungen und Kommandos werden rechtzeitig, laut und deutlich weitergegeben.
- Es wird vom Ende der Gruppe her angetrabt und angaloppiert.
- Vor scharfen Wendungen, Wegkreuzungen und möglichen Gefahrenstellen wird durchpariert.
- Jeder hält sich an die Anordnungen oder verabredeten Handzeichen des Reiters, der die Gruppe anführt.

→ Ein Gruppenausritt fordert von jedem Beteiligten Disziplin. Das ist vielleicht anstrengend, aber es dient auch deiner Sicherheit!

Draußen ist Reiten am schönsten

Abenteuer unterwegs
Bergauf, bergab und ins Wasser

Unterwegs in der Natur

Nicht nur du genießt einen Ritt in der freien Natur – auch Pferde ziehen eine **natürliche Umgebung** der Arbeit in der Reithalle vor. Bei einem Ausritt kannst du beobachten, wie gut dein Pferd für das **Laufen im Gelände** von der Natur ausgerüstet ist:

> **Tipp**
> → Keine Angst vorm Klettern! Pferde bewegen sich trittsicher bergauf und bergab.

- Auch ohne besonderes Training kann es über längere Strecken **ausdauernd** traben und galoppieren.
- **Trittsicher** bewegt es sich auch auf unebenem, schwierigem Boden vorwärts.
- **Instinktiv** vermeidet es tiefen, sumpfigen Boden.
- **Geschickt** umgeht es Steine oder Pfützen, selbstverständlich überwindet es kleine Hindernisse wie Äste oder schmale trockene Gräben.

→ Du kannst dich bei schwierigem Boden oder in ungewohnten Situationen ruhig auf dein Pferd verlassen!

Ins Wasser

Die Begegnung mit Wasser will geübt sein! Manche Pferde sind von Natur aus **wasserscheu**; der möglicherweise unsichere Boden flößt ihnen Angst ein. In eine Wasserstelle solltest du auf festem, sicherem Boden flach hineinreiten können. Die beste Hilfe bietet ein erfahrenes **Führpferd**. Ist der Bann erst gebrochen, macht den Pferden die **Wasserstelle** sichtlich Spaß.

→ Aber Vorsicht, wenn dein Pferd vergnügt mit den Vorderbeinen plantscht – so kündigt es an, dass es sich hinlegen möchte!

Hinein ins Wasser – mit einem geübten Geländepferd ist das kein Problem.

Klettern bergab: Oberkörper vor, Beine ans Pferd, notfalls Hände aufstützen.

Klettern bergauf: Oberkörper vor, Beine ans Pferd, notfalls eine Hand in die Mähne.

Bergab und bergauf

Der vielleicht wichtigste **Unterschied** zum Reiten auf dem Platz ist die Tatsache, dass das Gelände nicht immer nur **flach** und **eben** ist. Je nach der Landschaft, in der du ausreitest, geht es mehr oder weniger **bergab** und **bergauf**. Du musst dich in deinem **Sitz** jeweils der Neigung des Bodens **anpassen**. Das ist das beste Training für dein Gleichgewicht, das es gibt!

Beim **Klettern bergab** kommt der **Oberkörper** nicht etwa weit zurück, sondern vor. (Nur bei extrem steilen Hängen und beim Einsprung in eine Wasserstelle wird der Oberkörper zurückgenommen). Lass deine **Hände** am Hals – stütze sie notfalls zur Sicherheit auf – und rahme dein Pferd mit beiden **Unterschenkeln** am Gurt gut ein. Bleibe immer **senkrecht zum Hang**! Rutscht dein Pferd ein kleines Stückchen vorwärts, hast du nichts zu befürchten. Nur wenn dein Pferd seitlich abrutscht, droht ein Sturz.

Beim **Klettern bergauf** gehst du in den **Entlastungssitz**. Nimm den Oberkörper vor und mache die Knie gut **zu**, damit du nicht zurück rutschst. Dein Pferd braucht beim Klettern **Halsfreiheit** – gib daher genügend Luft am Zügel. Fasse auf kurzen, steilen Stücken mit einer Hand in die Mähne.

➡ Rechne damit, dass dein Pferd einen kurzen Steilhang bergauf lieber im **Galopp** absolviert.

Draußen ist Reiten am schönsten

Tempo und Kontrolle
Galoppieren im Gelände

Ruhig vorwärts reiten

Nur wenn die Gangart und das Tempo jeweils stimmen, fühlen Pferde und Reiter sich auf einem Ausritt wohl. Von der richtigen Einteilung eines Ausrittes hängt es ab, ob ein Pferd erschöpft, nervös oder zufrieden in seinen Stall zurückkehrt, ob ein Reiter am Ende seiner Kräfte ist oder vergnügt an ein schönes Erlebnis zurückdenkt. Genau wie eine Reitstunde muss auch ein Geländeritt gut geplant und richtig eingeteilt werden. Es gibt eine Reihe wichtiger Vorüberlegungen, die nicht nur die teilnehmenden Pferde, sondern auch die Reiter betreffen:

- Wie viel Erfahrung haben Pferde und Reiter?
- Wie gut ist ihre Kondition?
- Wie ist das Wetter?
- Wie viel Zeit steht zur Verfügung?
- Welche Strecke ist vorgesehen?

→ Zur Schonung der Gelenke deines Pferdes solltest du jeden Ritt mit einer Viertelstunde Schritt beginnen.

Wie in der Reitbahn müssen sich Pferde auch im Gelände erst lösen, bevor die eigentliche Arbeitsphase beginnen kann. Das heißt, vor einem flotten Galopp, anstrengendem Klettern oder dem Überwinden von Hindernissen ist eine längere Trabstrecke an der Reihe. Im Gelände wird dabei immer leicht getrabt!

→ Denke daran, beim Leichttraben regelmäßig den Fuß zu wechseln.

→ Pariere auf dem Rückweg rechtzeitig zum Schritt durch, damit dein Pferd trocken wieder im Stall ankommt.

> **Tipp**
> Lass dein Pferd in allen drei Gangarten weder eilen noch schleichen.

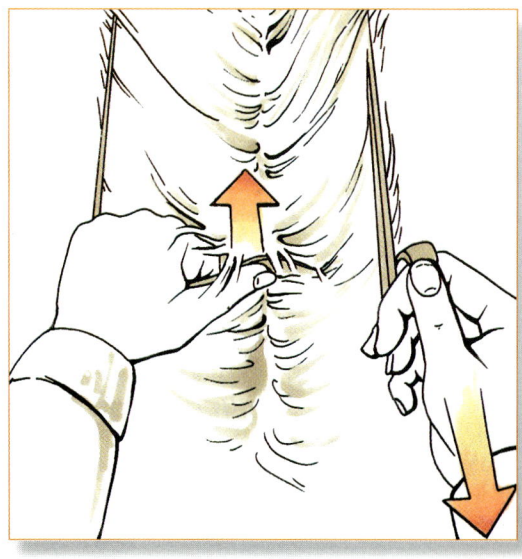

Wenn ein Pferd dir durchzugehen droht, setze den inneren Daumen auf dem Mähnenkamm auf und nimm den äußeren Zügel energisch an.

Auch beim Galoppieren im flotten Tempo muss jeder seinen Platz halten können.

Gangart und Tempo

Für **Gangart** und **Tempo** gibt der Boden die Wahlmöglichkeiten vor:
- Auf hartem, unebenem oder sehr tiefem Boden (Asphalt, Teer, Matsch, steiniger Boden, sumpfige Stellen) wird **Schritt** geritten.
- Auf trittsicherem Untergrund (befestigte Wege, Sand, Gras) kann **getrabt** werden.
- Für das **Galoppieren** eignet sich nur gleichmäßiger, ebener, federnder Untergrund (nicht zu tiefer Sand, ebener Grasboden).

Bergauf darfst du unbesorgt vorwärts reiten – **bergab** wird Schritt geritten. Leichte **Bodenwellen** kannst du auch im Trab oder Galopp überwinden. Bergab werden Pferde allerdings von selbst gern schneller.

→ Achte auf ein **gleichmäßiges Tempo**, das keinesfalls allmählich immer freier werden darf.

Galoppieren in der Gruppe

Galopp ist die **Fluchtgangart** der Pferde. Im Galopp neigen sie am ehesten dazu, ihren Instinkten zu folgen: Sie stacheln gegenseitig ihren Ehrgeiz an, sie scheuen schneller und **entziehen** sich eher den **Reiterhilfen**. In der Gruppe möchte fast jedes Pferd gerne an die Spitze. Galoppieren darfst du dir erst zutrauen, wenn du dein Pferd sicher **unter Kontrolle** hast!

Beim **Gruppengalopp** gelten folgende Spielregeln, die jeder unbedingt einhalten muss:
- nicht aufreiten,
- nicht überholen,
- nicht kreuzen!

Pferde lassen sich **leichter kontrollieren**, wenn der Galopp in Richtung vom Heimatstall weg führt, der Weg leicht bergauf geht und ein natürliches Ende findet – zum Beispiel am Waldrand.

Draußen ist Reiten am schönsten

Verkehrsteilnehmer Pferd und Reiter
Reiten im Straßenverkehr

Pferde und Autos

Heute gibt es fast nirgendwo mehr ein Gelände zum Ausreiten, in dem du nicht möglicherweise Autos, Lastwagen, landwirtschaftlichen Fahrzeugen oder forstwirtschaftlichen Maschinen begegnest. Obwohl die meisten Pferde an **Straßenverkehr** gewöhnt sind, können sehr laute und schnelle Fahrzeuge zum Härtetest für **Pferdenerven** werden.

> *Tipp*
> **Reite nur auf einem Pferd aus, von dem du weißt, dass es verkehrssicher ist.**

➡ Reite nur auf einem Pferd aus, das an Straßenverkehr gewöhnt ist!

Bei möglicherweise unangenehmen Begegnungen ist **Sicherheit** das oberste Gebot. Pferde suchen instinktiv einen **Sicherheitsabstand** zu furchteinflößenden Dingen. Die beste Maßnahme für die eigene Sicherheit ist es daher, stets **Abstand** von möglichen **Gefahrenquellen** zu halten.

➡ Halte rechtzeitig an oder nimm einen Umweg in Kauf, um eine Begegnung mit Fahrzeugen oder Maschinen zu vermeiden!

Für Reiter gilt die **Straßenverkehrsordnung**. Pferde werden darin wie Fahrzeuge behandelt: Das heißt, Reiter müssen auf der Straße am **rechten Fahrbahnrand** reiten. Dabei bleiben in einer kleinen Gruppe alle Reiter **einzeln hintereinander**. In einer großen Pferdegruppe kann **zu zweit nebeneinander** geritten werden, ebenfalls so weit rechts wie möglich.

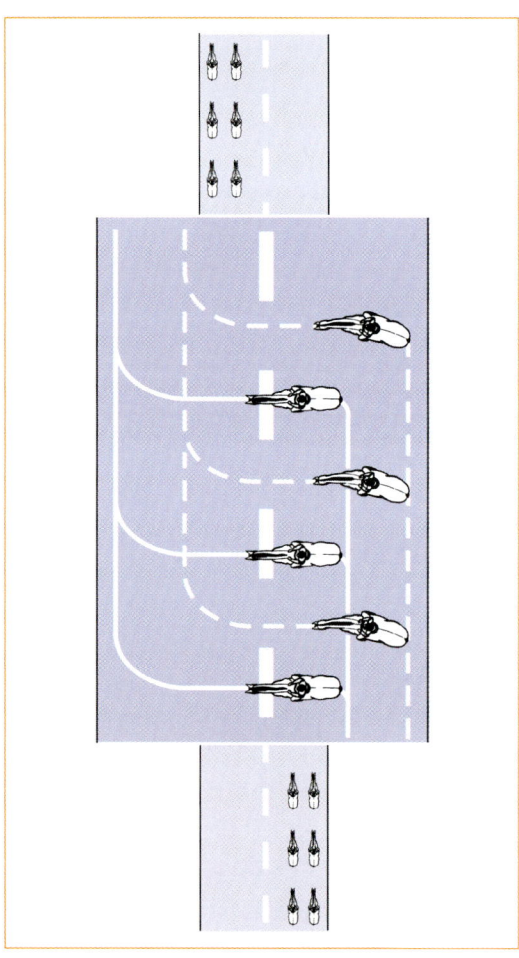

Abbiegen nach links:
Alle überqueren gemeinsam die Straße.

Korrekt auf der Straße: am rechten Fahrbahnrand einzeln hintereinander.

Sicher auf der Straße

Wichtig sind dabei wieder ein sicherer **Anfangs-** und **Schlussreiter**. Beim Reiten zu zweit geht das ruhigere Pferd jeweils näher am Verkehr.

Vor dem **Überqueren** einer Straße schließen alle Reiter so dicht wie möglich auf und überqueren die Straße gemeinsam. Bei einer großen Gruppe können auch zwei Reiter die Straße kurzfristig sperren. Wichtig ist, dass kein Fahrzeug mitten in die Pferdegruppe gerät. Beim **Abbiegen nach links** überqueren alle Reiter die Straße gemeinsam. So stört die Pferdegruppe den fließenden Verkehr am wenigsten.

In der **Dämmerung** und **Dunkelheit** müssen Reiter auf der linken Seite eine **Beleuchtung** (vorne weiß / hinten rot) mitführen. **Reflektierende** Teile an der Ausrüstung für Pferd und Reiter erhöhen die Sicherheit.

Trotz aller Vorsicht können Pferde im Straßenverkehr **erschrecken** und **unkontrolliert reagieren**. Was du tun kannst:
- Versuche, das Pferd energisch an die **Hilfen** zu stellen.
- **Warne** deine Mitreiter.
- **Pariere** wenn möglich durch und drehe das Pferd mit dem Kopf zur Gefahr.
- **Warne** Autofahrer durch Handzeichen.
- **Weiche** auf den Bürgersteig oder in eine Einfahrt aus.
- Wäge ab, ob du das Pferd vom Sattel aus oder **an der Hand** besser unter Kontrolle hast.

Draußen ist Reiten am schönsten

Zu Gast in der Natur
Naturschutz und Umweltschutz

Natur und Umwelt

Naturschutz und Umweltschutz sind Themen, die aus dem heutigen Leben nicht mehr wegzudenken sind. Auch Reiter, die sich in der Natur bewegen, müssen sich mit diesen Themen beschäftigen. Immer mehr ursprüngliche Landschaft geht verloren: durch den Bau von Häusern, Geschäften, Industrieanlagen oder Straßen. Konzentrierte und intensive landwirtschaftliche Nutzung, der Gebrauch von Düngemitteln, die Vernichtung von Unkraut und die Bekämpfung von Schädlingen sind einerseits für die Landwirtschaft nötig, verkleinern aber andererseits den Lebensraum vieler Pflanzen und Tiere. Auch der Wald wird in Deutschland intensiv bewirtschaftet. Boden, Luft und Wasser sind von der Verschmutzung durch schädliche Stoffe bedroht.

Immer mehr Pflanzen sowie große und kleine Lebewesen sterben aus.

In der noch verbleibenden Natur treffen erholungssuchende Wanderer, abenteuerlustige Sportler, Landwirte und Jäger aufeinander. Für jeden Geländereiter sollte es daher selbstverständlich sein,
- Natur und Umwelt zu schonen
- und Rücksicht auf die Interessen anderer zu nehmen.

> **Tipp**
> → Dein Pferd kann auf die Annäherung von Wild reagieren, bevor du es selbst bemerkst.

Ausritte bieten schöne Landschaft pur.

Wild lebende Tiere lassen Reiter näher herankommen als Fußgänger.

Rücksicht ist oberstes Gebot

Wer die Natur schützen will, muss bei sich selbst anfangen. Daher vermeiden rücksichtsvolle Geländereiter **Strecken** und **Zeiten**, die für andere störend sein könnten.

- Reite nicht in ausgewiesenen **Naturschutzgebieten**.
- Halte dich strikt an die Beschilderung in **Landschafts-, Vogel- und Wasserschutzgebieten**.
- Vermeide in der Morgen- und Abenddämmerung Waldränder und Wildwiesen, um die **Jäger** nicht zu stören.
- Behindere **Bauern** nicht bei der Arbeit.
- Nimm Rücksicht auf andere **Erholungssuchende**.

Wildtiere sind Reitern gegenüber viel weniger scheu als gegenüber Fußgängern. So kannst du im Gelände überraschende **Begegnungen** erleben!

→ Reite mit offenen Augen durch die Natur!

Zu Pferd kannst du leichter Wild beobachten als zu Fuß.

Draußen ist Reiten am schönsten

Hier droht Gefahr – Scheuen, Durchgehen, Giftpflanzen, Gewitter

Sumpfdotterblume

Goldregen

Das Scheuen

Pferde sind **Fluchttiere**. Vor allen Dingen, die ihnen unbekannt und möglicherweise bedrohlich erscheinen, nehmen sie blitzschnell reißaus. Dieses so genannte **Scheuen** ist für uns Menschen besonders gefährlich. Viele Unfälle passieren, weil ein Pferd aus Angst unkontrollierbare Reaktionen zeigt. Am schlimmsten – auch für das Pferd selbst – ist eine wilde **Panik**. Tiere in Panik schalten jede Sinneswahrnehmung ab und konzentrieren sich nur noch auf die Flucht. So laufen Pferde mitten auf die Autobahn oder knallen gegen ein festes Hindernis.

Zum Glück sind Pferde nicht nur **ängstlich**, sondern auch **neugierig**. Meist reicht es ihnen schon aus, einen sicheren **Abstand** zwischen sich und die drohende Gefahr zu legen. Manchmal lassen sie sich sogar dazu überreden, an angstauslösenden Gegenständen zu **schnuppern**.

> *Tipp*
> Achte auf das Verhalten deines Pferdes – es spürt das Herannahen von Gewitter, Sturm oder Unwetter viel früher als du selbst.

Stelle dein Pferd gegen die vermeintliche Gefahr: den Pferdekopf weg davon, den Pferdekörper hin.

Buchsbaum

Adlerfarn

Mit Pferdeaugen sehen

Pferde reagieren blitzartig. Immer wieder werden wir Reiter von ihren **Reaktionen** überrascht. Aber wer versucht, mit **Pferdeaugen** zu sehen und mit **Pferdeohren** zu hören, wird öfter verstehen, warum ein Pferd scheut. Natürlich **sehen**, **hören** und **riechen** Pferde viel besser als wir. Aber Schweine im Pferch, flatternde Wäsche auf der Leine, einen riesigen Mähdrescher oder einen großen schwarzen Stein am Wegesrand sehen und hören wir auch.

Für die Begegnung mit einer möglichen **Gefahrenquelle** gilt:

- Reite im Schritt, aber zügig vorbei. Halte den größtmöglichen **Sicherheitsabstand** ein.
- Stelle dein Pferd **gegen die Gefahr**: den Kopf weg, den Körper hin. Reite in einer leichten Seitwärtsbewegung (Schenkelweichen).

Naturgefahren

Auch die Natur selbst kann **Instinktreaktionen** des Pferdes hervorrufen. Bei **Wind**, der in allen Zweigen rauscht und knistert, sind Pferde besonders aufgeregt und fluchtbereit. Ebenso merkt man vielen Pferden die Anspannung direkt vor einem **Gewitter** an.

Gefahr für Pferde kann schließlich durch giftige Pflanzen hervorgerufen werden. **Giftpflanzen** gibt es im Wald und auf Wiesen, aber auch ganz besonders in Gärten (wie Goldregen oder Buchsbaum).

→ Lasse dein Pferd **nie** an Bäumen, Büschen oder Blumen **knabbern**, die dir völlig unbekannt sind.

Vergiftungen äußern sich bei Pferden ganz unterschiedlich: in starkem Schwitzen, Lähmungen, Schluckbeschwerden oder **Krämpfen**. Wenn Verdacht auf eine Vergiftung besteht, muss sofort der Tierarzt geholt werden.

Fingerhut

Tollkirsche

Weiße Robinie

Schwarzes Bilsenkraut

Herbstzeitlose

Ringelkraut

Gemeiner Liguster

Sumpfschachtelhalm

Beereneibe

Draußen ist Reiten am schönsten

Wo man reiten darf – und wo nicht
Gesetzliche Regelungen und Bestimmungen

Gesetze für alle

Reiten ist nicht überall erlaubt. Wo man reiten darf und wo nicht, regeln das **Bundesnaturschutzgesetz** (für das Reiten zwischen Feldern und Wiesen) und das **Bundeswaldgesetz** (für das Reiten im Wald). Generell ist das Reiten nur auf **Straßen** und **Wegen** und auf **ungenutzten Flächen** erlaubt. Reiten auf Grund und Boden in Privatbesitz ist nur mit **Einverständnis** der Eigentümer erlaubt. Das gilt auch für das Reiten über abgeerntete Felder im Herbst!

Die genaueren Bestimmungen für das Reiten regeln die **Bundesländer**. Die generelle **Reiterlaubnis** kann aus verschiedenen Gründen **gesetzlich eingeschränkt** werden. Daher muss sich jeder Reiter über die entsprechende Gesetzgebung in seinem Bundesland **informieren**. Die zuständigen **Landesverbände** des Reit- und Fahrsports erteilen dazu genaue Auskünfte.

➔ Frage deinen Ausbilder oder den Leiter des Reitstalles um Rat, wenn du nicht sicher bist, wo du **reiten darfst**!

> **Tipp**
> ➔ Informiere dich auch am Urlaubsort über die geltenden Regeln und Bestimmungen für das Ausreiten.

Kennzeichnungspflicht

In vielen Ballungsräumen – also dicht besiedelten Gebieten – besteht **Kennzeichnungspflicht** für Pferde.

Das heißt, wer ausreitet, braucht eine deutlich sichtbare, kostenpflichtige **Kopfnummer**. Ähnlich wie bei Autokennzeichen kann mit Hilfe dieser Nummer der jeweilige **Pferdehalter** ermittelt werden. Rücksichtslose Reiter haben so keine Chance, unerkannt verschwinden zu können. Mit dem Kauf der Kopfnummern wird außerdem oft die Anlage eines **Reitwegenetzes** finanziell unterstützt. Die Nummern werden durch öffentliche Ämter, zum Beispiel Forst- oder Landratsämter, ausgegeben.

In vielen Gebieten ist eine Kennzeichnung des Pferdes beim Ausreiten Pflicht.

Gebot für Reiter *Verbot für Reiter*

In der Nähe von Großstädten ist das Reiten oft nur auf ausgewiesenen Reitwegen erlaubt.

Reiten auf Wegen – Reitwege

Im Allgemeinen ist das Reiten auf **öffentlichen Wegen** erlaubt, wenn es nicht durch spezielle Bestimmungen eingeschränkt wird. In manchen Bundesländern sind zum Beispiel Wege unter einer bestimmten Mindestbreite für Reiter verboten. Aber auch ohne **gesetzliche Einschränkungen** muss sich jeder Reiter im Gelände so verhalten, dass er keinen **bleibenden Schaden** hinterlässt. Wo die Pferdehufe einen unbefestigten Weg zertrampeln, kann der Pferdehalter zu Schadenersatz verklagt werden. Außer aufgeweichten Wegen sind für Reiter verboten:

- schmale Ackerränder,
- Böschungen oder
- befestigte Hochwasserdämme.

Zu den öffentlichen Verkehrszeichen gehören auch zwei **Verkehrsschilder** für Reiter: das **Gebotsschild** (weißes Pferd auf blauem Grund) und das **Verbotsschild** (schwarzes Pferd in rotem Rand). Außerdem gibt es eine ganze Reihe von verschiedenen Beschilderungen für **Reitwege**. Manche sind so genannte Fernwanderwege – wer ihnen folgt, kann sich auf tagelangen **Wanderritten** leiten lassen.

Draußen ist Reiten am schönsten

Wenn ein Unfall passiert
Erste Hilfe für Pferd und Reiter

Wenn ein Sturz passiert

Schwere Unglücksfälle im Gelände sind zum Glück selten. Aber niemand ist ganz davor geschützt, einmal einen schwerwiegenden **Unfall** mitzuerleben oder selbst zu erleiden. Nach einem Sturz vom Pferd ist es wichtig, sich klar zu werden, ob der oder die Gestürzte weiterreiten kann. Besteht auch nur ein kleiner **Verdacht** auf ernsthafte **Verletzungen**, dann heißt es nach einem Reitunfall: Ab zum **Arzt**! Beim Ausreiten zu zweit oder in einer Gruppe könnt ihr euch bei einem Unfall gegenseitig helfen oder **Hilfe** holen.

> **Tipp**
> → Bei auftretenden Problemen unterwegs kann ein Handy gute Dienste leisten.

Wer? Wo? Was ist passiert? Wie viele Verletzte? Welche Hilfe ist nötig?

Bei einem Unfall müssen alle Beteiligten die **Ruhe** bewahren und sich einen **Überblick** über die Situation verschaffen:

- Wie schwerwiegend ist der **Unfall**?
- Wer ist **verletzt**, wie schwer?
- Geht von einem **frei laufenden Pferd** Gefahr aus?
- Welche Hilfe wird gebraucht (Arzt, Krankenwagen, Rettungshubschrauber, Tierarzt, Pferdetransporter)?

Um einen **telefonischen Notruf** abzugeben, bittet ihr am besten einen **Autofahrer** um Hilfe.

Stabile Seitenlage – so wird ein Verletzter richtig gelagert.

Ein Reiter kann zwei Pferde sicher halten.

Erste Hilfe für Mensch und Pferd

Wer helfen will, muss die Hände frei haben. In einer Gruppe hält **ein Reiter** hält jeweils **zwei Pferde**. Wer allein ist, muss sein Pferd sicher **anbinden** oder **an der Hand** behalten.

Die **erste Hilfe** für einen Verletzten im Gelände besteht in der richtigen **Lagerung**. Die Versorgung von offenen Wunden ist nur mit Hilfe eines **Verbandspäckchens** möglich.

- Lagere einen **Schwerverletzten** in der stabilen Seitenlage.
- Lagere einen **Schock-Patienten** mit erhöhten Beinen. Sprich mit ihm!
- **Offene Wunden** nicht auswaschen oder desinfizieren, sondern nur keimfrei abdecken.
- Bei **Brüchen** oder **Verstauchungen** keine Einrenkversuche unternehmen.
- **Schlagaderblutungen** (hellrotes, spritzendes Blut) sofort abdrücken/abbinden!

→ Besuche einen **Kurs** in **erster Hilfe**. Dann fühlst du dich bei einem Unfall viel weniger hilflos!

Die größte Gefahr für ein **frei laufendes Pferd** geht von ihm selbst aus – wenn es unkontrolliert den Heimweg antritt. Im **Straßenverkehr** kann es schwere **Unfälle** verursachen. Hinterherjagen bringt allerdings nichts. Ein Pferd ohne Reiter lässt sich im Wettrennen nicht **einfangen**, es verliert höchstens die Nerven.

→ Versuche, ein Pferd anzusprechen und in Hörweite zu bleiben! Gehe langsam und ruhig auf das Pferd zu!

Ist das Pferd wieder **eingefangen**, muss es sorgfältig **untersucht** werden. Neben äußeren **Wunden** sind auch **Überanstrengungen** von Muskeln oder Sehnen denkbar. Kleinere Verletzungen kannst du selbst desinfizieren, bei größeren Wunden muss der **Tierarzt** kommen.

Draußen ist Reiten am schönsten

Springen im Gelände
Natürliche und künstliche Geländehindernisse

Große Galoppsprünge

Man muss nicht unbedingt **springen** können, wenn man ausreiten will. Aber einen **kleinen Satz** des Pferdes sollte man angstfrei **aussitzen** können, denn manchmal suchen sich Pferde ihre **Hindernisse** selbst. Sie springen, wo es nicht unbedingt sein müsste: über einen am Boden liegenden **Ast**, eine glitzernde **Pfütze**, einen flachen trockenen **Graben**. Aber ein kleiner Sprung ist nichts anderes als ein **vergrößerter Galoppsprung**. Wenn du den leichten Sitz beherrschst (Bild S. 19), ist ein kleines Hindernis für dich kein Problem.

➔ Kleine Sprünge kannst du über liegenden Stangen und niedrigen Bodenricks (Cavaletti) **trainieren**.

Das **Springen im Gelände** unterscheidet sich grundsätzlich vom Springen über **Parcours-Hindernisse**. Natürliche, aber auch künstlich gebaute **Geländesprünge** sind **fest** und haben keine abwerfbaren Teile. Sie sind dafür aber sehr **stabil** gebaut. Auf manche Hindernisse können Pferde sogar mit den Hufen aufsetzen – Büsche und Hecken geben bei der Berührung nach.

> *Tipp*
> ➔ **Keine Angst vor klotzigen Sprüngen!** Für dein Pferd sehen sie einladender aus als luftige Stangen.

Springen über ein Naturhindernis macht Pferd und Reiter Spaß.

Terrassensprung

Bach

Hindernisse aller Art

Manchmal findest du unterwegs **natürliche Hindernisse**: Wassergräben, umgefallene Baumstämme, Erdwälle oder natürliche Terrassen. Vor dem Anreiten solltest du die **Absprung**- und **Landestelle** genau anschauen. Sumpfiger oder steiniger Boden eignet sich nicht zum Springen. Vom Hindernis darf keine **Gefahr** für dich oder das Pferd ausgehen. Springe daher nicht über:

- Draht (den das Pferd nicht sieht),
- spitz hervorstehende **Äste** (an denen es sich verletzen kann),
- lose Teile wie **Strohballen** (die dem Pferd zwischen die Beine geraten können).

Künstliche Geländehindernisse sollen möglichst natürlich aussehen, wie der Telegrafenmast oder der Holzstoß.

→ Pferde springen im Gelände meist freiwillig, gern und fliegend. Probier es aus!

Telegrafenmast

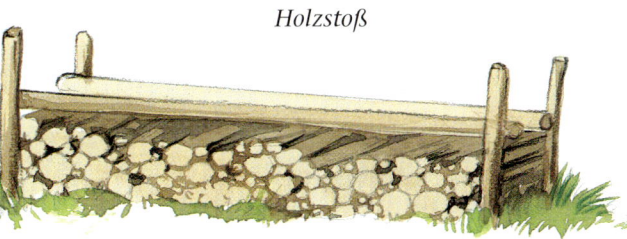
Holzstoß

umgefallener Baumstamm

Draußen ist Reiten am schönsten

Der Traum vom Wanderritt
Auf langen Strecken unterwegs

Vom Traum zur Wirklichkeit

Was könnte schöner sein als Ferien auf dem Pferderücken? Einfach mit einem Pferd losreiten, so weit die Hufe tragen und am Abend... Spätestens bei diesem Punkt des schönen Traumes vom **Wanderreiten** wird klar, dass so ein Unternehmen gut **geplant** und intensiv **vorbereitet** sein will. Weder gibt es überall **geeignete Wege** zum Reiten, noch stehen am Abend wie auf Knopfdruck Plätze zum **Übernachten** zur Verfügung. In den **Quartieren** für Wanderreiter werden selten Boxen, sondern meistens **Weiden** angeboten. Das heißt, die teilnehmenden Pferde müssen sich gut vertragen.

Am schnellsten lässt sich der Traum vom großen Ritt mit einem **eigenen Pferd** erfüllen. Aber es gibt auch **Reitbetriebe**, die diese besondere Form des Ausreitens anbieten. Und schließlich kann man auch mit **Schulpferden** einen Wanderritt planen.

→ Versuche, deinen Ausbilder und genügend Mitreiter für einen Wanderritt zu begeistern!

> **Tipp**
> → Sammle Erfahrungen auf einem kurzen Ritt mit nur einer Übernachtung!

Wanderreiter müssen fit sein im Umgang mit Karte und Kompass.

Gut geplant ist halb geritten

Am Anfang stehen offene Fragen:
- Wer **reitet** mit, wer **leitet** den Ritt? (mindestens ein Berittführer FN)
- Wie sind **Ausbildungsstand** und **Kondition** von Pferd und Reiter? (Wie lang können die täglichen Strecken sein?)
- Wie viel **Zeit** steht zur Verfügung?
- Soll der Ritt vom **Heimatstall** aus starten oder in **fremdem Gelände**?
- Soll die Strecke einem ausgeschilderten **Reitweg** folgen oder selbst ausgesucht werden?
- Wo gibt es Angebote für **Pausen** und **Übernachtung**?

Die **Landesverbände** des Reit- und Fahrsports informieren über Reitwegenetze, Kartenmaterial und Reittourismus-Betriebe. Die Deutsche Reiterliche Vereinigung FN gibt ein Verzeichnis von geprüften Betrieben mit Übernachtungsangeboten heraus, die Broschüre „**Urlaub im Sattel**".

Mit leichtem Gepäck

Wer sich in unbekanntem Gelände zurechtfinden will, muss **Karten** lesen und mit einem **Kompass** die Himmelsrichtung bestimmen können. Die genaueste Orientierung liefern **Wander-** oder **Radwanderkarten**. Auf ihnen sind auch nicht asphaltierte Wege verzeichnet.

→ Nimm so viel wie nötig, aber so wenig wie möglich **Gepäck** mit!

In einer größeren Gruppe ist es sinnvoll, das meiste Gepäck in einem **Begleitfahrzeug** mitzuführen. Wo das nicht möglich ist, muss alles wasserdicht verpackt in **Satteltaschen** mitgenommen werden. Jeder Reiter braucht unterwegs **Halfter** und **Anbindestrick** für sein Pferd und einen **Regenschutz**. In das **Notgepäck** für unterwegs gehören auch:
- Sonnenschutz- und Insektenschutzmittel
- Erste-Hilfe-Päckchen
  - Mittel zur Wunddesinfektion für Pferde
  - möglichst ein Handy.

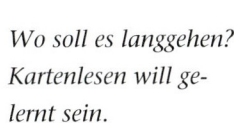

Wo soll es langgehen? Kartenlesen will gelernt sein.

Draußen ist Reiten am schönsten

Traumziel Reiterferien
Vom Ponyhof bis zum Gelände-Reitkurs

Reiterferien sind ein Traum

Reiterferien können für Pferdefreunde der schönste Urlaub der Welt sein. Aber **Reiterferien** können sehr unterschiedlich ausfallen! Damit du das passende **Angebot** für dich selbst findest, ist es wichtig, ein paar **Vorüberlegungen** anzustellen:

> **Tipp**
> → Wähle einen Reiterhof in erreichbarer Entfernung – du kannst ihn dir vorher genau anschauen.

- Wie sind meine reiterlichen **Vorkenntnissse**?
- Will ich auf **Großpferden** oder Ponys reiten?
- Stehen für mich **Spielen** und Abenteuer im Vordergrund?
- Will ich meine **Ausbildung** verbessern, strebe ich eine **Abzeichenprüfung** an?
- Will ich bei der Versorgung der Pferde beständig mithelfen, am liebsten ein eigenes **Pflegepferd** haben oder lieber mehr **Freizeit**?
- Wie wichtig sind mir **zusätzliche Angebote** (Schwimmbad, andere Sportarten, Lagerfeuer?)

Reiterferien können Abenteuer pur bieten – wie hier beim Ritt im Bachbett.

Das passende Angebot finden

Wenn du diese Fragen für dich beantwortet hast, kannst du schon klarer sehen:

- Auf einem **Ponyhof** darfst du den ganzen Tag mit Ponys zusammen sein. Spiele und Abenteuer sind die schönsten Erlebnisse.
- Auf **Ausreiten** spezialisierte Betriebe bieten dir unvergessliche Ausritte in schöner Landschaft.
- Bei einem Reitkurs in einem **Reiterverein** oder **Reitbetrieb** steht die Reitausbildung an erster Stelle.
- Qualifizierte Ausbildung auf guten Pferden wird in **FN-Fachschulen** angeboten.
- Besonders erfahrene Ausbilder und sehr gute Schulpferde findest du in einer **Landes-Reit- und Fahrschule**.

Fremdenverkehrsverbände sowie die Landesverbände der Reitsportorganisationen erteilen **Auskünfte** über Betriebe, die Reiterferien anbieten. Bei der Deutschen Reiterlichen Vereinigung FN kannst du ein Verzeichnis der geprüften Betriebe erhalten (Broschüre „Urlaub im Sattel").

→ Höre dich um! Die beste Informationsquelle sind deine eigenen ReiterkameradInnen. Wer weiß eine gute **Adresse** für dich?

An der Kennzeichnung eines Reitbetriebes kannst du das Angebot ablesen.

Draußen ist Reiten am schönsten

Wenn die Jagdhörner blasen ... Alles über das Jagdreiten

Jagen auf dem Pferderücken

Reitjagden, wie sie heutzutage ausgetragen werden, sind eine Art Spiel für Reiter. Auf diesen Jagden wird kein Wild gehetzt oder erlegt. Das Jagen zu Pferde querfeldein sozusagen über Stock und Stein ist in Deutschland seit Beginn dieses Jahrhunderts verboten.

Reitjagden finden heutzutage auf vorher festgelegten Strecken statt, auf denen kleine Geländehindernisse künstlich aufgebaut werden. Wenn bei einer Jagd eine Hundemeute beteiligt ist, dann folgt sie nicht einer echten Fuchsspur, sondern einer künstlich gelegten Fährte, der so genannten Schleppe. Der Schleppenleger reitet dem Jagdfeld voraus. Dann folgen die Hunde; sie werden von der Equipage begleitet. An der Spitze des Feldes reitet der Jagdherr. Am Ende der Jagd, wenn die Jagdhornbläser zum Halali blasen, bekommen die Hunde eine Belohnung. Statt eines Anteils an der erlegten Beute erhalten sie einen Pansen (Kuhmagen) als Leckerbissen. Erfolgreichen Teilnehmern wird ein Bruch (Zweig) überreicht.

> *Tipp*
> → Jagdreiter-Organisationen und Meute-Vereine bieten Übungsjagden an, bei denen du das korrekte, sichere Jagdreiten lernen kannst.

Manchmal spielt ein Reiter den Fuchs – nur jagen sollte man ihn nicht.

Wer im Jagdfeld reiten will, muss sein Pferd sicher beherrschen können.

Spielregeln für Jagdreiter

Auf einer Reitjagd wird auf festgelegten Schleppen in der Gruppe in **flottem Tempo** galoppiert. Das ist eine aufregende Situation für Pferde und Reiter. Daher sollten zwei- und vierbeinige Teilnehmer nicht ohne **vorbereitendes Training** an einer Jagd teilnehmen. Auf der anderen Seite ist das Galoppieren in der Gruppe für Pferde eine natürliche Form der Fortbewegung, die ihnen deutlich Spaß macht. Gute **Jagdpferde** sind gelassen und ausgeglichen.

→ Auf einem gut **ausgebildeten Jagdpferd** kann auch die Teilnahme an einer Jagd für dich zu einem unvergesslichen Erlebnis werden!

Die Teilnehmer an der Jagd werden in mehrere **Felder** eingeteilt. Das erste Feld führt in der Regel über **Hindernisse**, die nicht umritten werden können. Im zweiten oder dritten Feld muss nicht unbedingt gesprungen werden.

Um bei einer Jagd **mitreiten** zu können, musst du
- **sattelfest** sein,
- dein Pferd in höherem Tempo **unter Kontrolle** halten können,
- die **Sitten** und **Gebräuche** der Jagdreiterei kennen lernen.

Gerade beim Reiten hinter einer Hunde-Meute sind viele ungeschriebene **Spielregeln** zu beachten.

Draußen ist Reiten am schönsten

Pferdesport im Gelände Vielseitigkeit und Distanzreiten

Die Krone der Reiterei

Geländeritte über feste Hindernisse, in denen der Stil des Reiters bewertet wird, bieten sich als Einstiegsprüfungen in den Turniersport an. Für junge Pferde gibt es eigene Prüfungen, in denen sie erste Erfahrungen sammeln können. Im Leistungssport werden die Anforderungen systematisch gesteigert.

Der Vielseitigkeitssport wird manchmal auch die Krone der Reiterei genannt. Es gibt gute Gründe dafür: In keiner anderen Disziplin des Reitsports müssen Pferd und Reiter auf so vielen Gebieten hohe und höchste Anforderungen erfüllen. Eine Vielseitigkeitsprüfung – die früher auch Military hieß – besteht aus drei Teilprüfungen: Einer Dressuraufgabe, einem Geländeteil und dem Springparcours. Bei einer schweren Großen Vielseitigkeitsprüfung, wie sie zum Beispiel auf der Olympiade geritten wird, besteht die Geländestrecke aus vier Phasen:

- Wegestecke zum Aufwärmen
- Rennbahnstrecke mit typischen Rennbahnhindernissen
- lange Wegestrecke
- Querfeldein-Strecke mit festen Hindernissen

Die Q-Strecke ist der schwierigste Teil der Prüfung. Aber Galoppieren und Springen im Gelände entspricht der natürlichen Veranlagung der Pferde: Für die geborenen Fluchttiere und leistungsstarken Sprinter kommt die Herausforderung durch eine Geländestrecke gerade richtig. Vielseitigkeitspferde müssen kraftvoll und ausdauernd galoppieren können und viel Mut haben.

> **Tipp**
> Nutze die Gelegenheit, die beeindruckenden Leistungen von Pferd und Reiter auf einer Geländestrecke als Zuschauer zu erleben.

Die Geländestrecke mit Hindernissen ist das Herzstück einer Vielseitigkeitsprüfung.

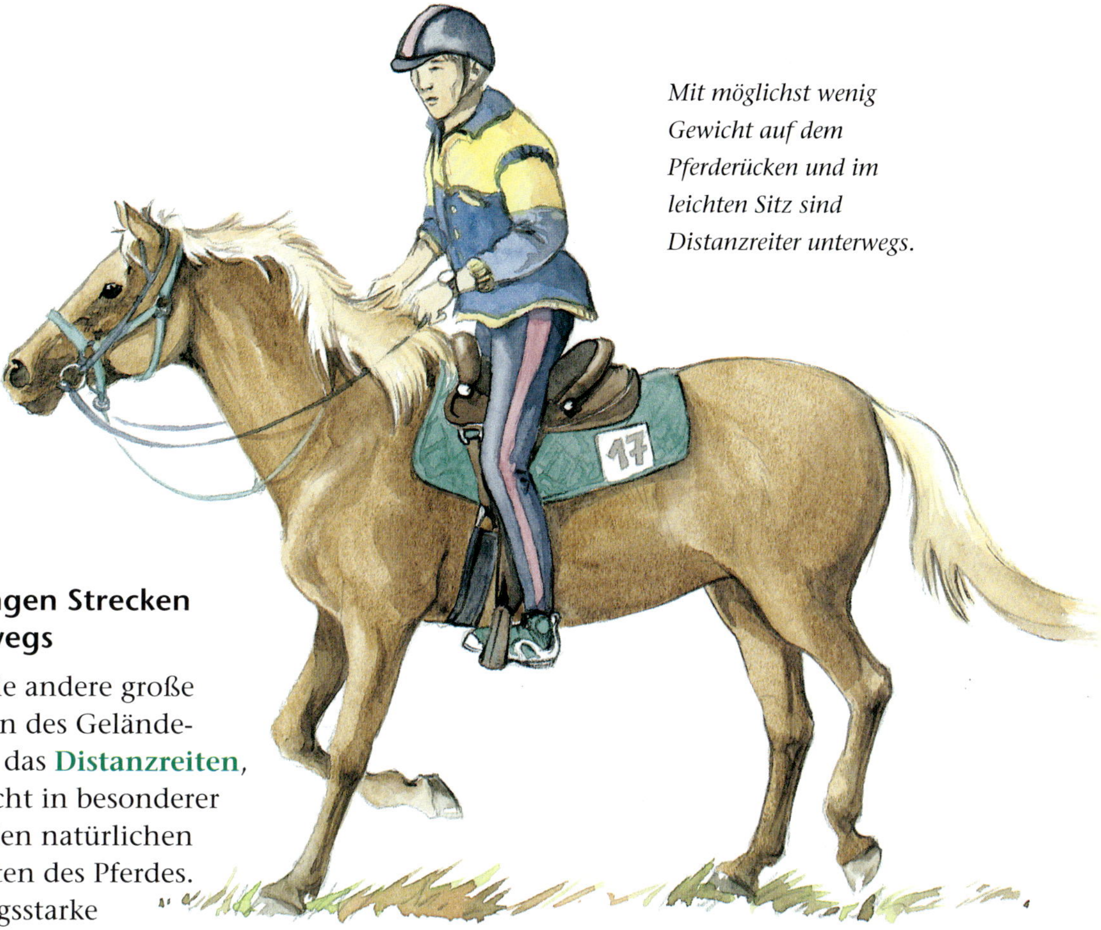

Mit möglichst wenig Gewicht auf dem Pferderücken und im leichten Sitz sind Distanzreiter unterwegs.

Auf langen Strecken unterwegs

Auch die andere große Disziplin des Geländereitens, das **Distanzreiten**, entspricht in besonderer Weise den natürlichen Instinkten des Pferdes. Leistungsstarke Distanzpferde sind die **Langstreckenläufer** unter den Pferden: harte, athletische, nicht zu große und nicht zu schwere Pferde. In diesem Sport dominieren **Vollblutrassen** (arabische oder englische Vollblüter) oder Pferde mit einem hohen Vollblut-Anteil. Neben **Härte** und **Ausdauer** brauchen Distanzpferde ein gutes **Nervenkostüm**. Von der Fähigkeit, in **Ruhepausen** blitzschnell abzuschalten und sich zu **erholen**, hängt ab, wie gut ein Pferd einen langen Ritt durchhält. **Distanzritte** werden über unterschiedliche **Strecken** – nach **Markierung** oder nach **Karte** – ausgeschrieben:

- Einführungsritt ca. 25 – 39 km
- Kurzer Distanzritt 40 – 59 km
- Mittlerer Distanzritt 60 – 79 km
- Langer Distanzritt ab 80 km
- Hundertmeiler: 160 km (mit Pausen in 24 Stunden zu reiten)

Bei **mehrtägigen Ritten** werden die Anforderungen pro Tag verkürzt. Pferde sind auf langen Strecken zu außerordentlich **hohen Leistungen** fähig – aber nur bei entsprechender **Vorbereitung**.

→ Als Distanzreiter musst du dich und dein Pferd über einen langen Zeitraum **systematisch auftrainieren**.

Draußen ist Reiten am schönsten

Reit-Pass und andere Abzeichen Prüfungen im Geländereiten

Der Basis-Pass Pferdekunde

Deine Fertigkeiten im Geländereiten kannst du in unterschiedlichen **Abzeichenprüfungen** unter Beweis stellen. Voraussetzung dafür, dass du überhaupt an einer Abzeichenprüfung teilnehmen kannst, ist der **Basis-Pass-Pferdekunde**. Auch das ist ein Abzeichen – allerdings geht es nicht um das Reiten, sondern nur um das Wissen über den richtigen **Umgang** mit Pferden. Um diese Prüfung zu bestehen, musst du **Grundkenntnisse** über die Haltung, Fütterung und Gesundheitsfürsorge haben. Den richtigen **Umgang** mit dem Pferd zeigst du in der Prüfung auch **praktisch** vor: aufhalftern und anbinden, putzen, Mähnen-, Schweif- und Hufpflege. Außerdem musst du das Pferd auftrensen und mit der Trense führen können, Bandagen oder Gamaschen anbringen und wissen, wie man richtig verlädt.

> *Tipp*
> → **Trainiere mit Gleichgesinnten für ein Abzeichen – dann macht es noch mehr Spaß!**

In der Reit-Pass-Prüfung musst du allein von einer Reitergruppe wegreiten können.

Der Deutsche Reit-Pass

Das bekannteste Abzeichen im Geländereiten ist der Deutsche Reit-Pass (früher Reiter-Pass). Wer ihn besitzt, kann sozusagen beweisen, dass er ein Pferd im Gelände reiten kann und auch die nötigen theoretischen Kenntnisse hat. Daher besteht die Prüfung aus einem theoretischen und einem praktischen Teil.

Was du können musst:
- dein Pferd für den Ausritt vorbereiten
- im Gelände reiten in allen drei Gangarten
- nebeneinander reiten, überholen, begegnen
- Einzelgalopp
- wegreiten von der Gruppe
- eine Straße korrekt überqueren
- natürliche Hindernisse (Kletterstelle, Einritt ins Wasser) überwinden
- (freiwillig) vier feste Hindernisse bis 80 cm hoch springen

Was du wissen musst:
- Sitz und Hilfen des Reiters
- wie ein Geländepferd richtig versorgt und gepflegt wird
- welche Gesetze und Bestimmungen es für das Reiten auf Wegen und im Verkehr gibt
- wie erste Hilfe für Reiter und Pferd geleistet wird
- wie du Gefahren vermeidest und dich umwelt- und tierschutzgerecht verhältst

Jeder Reit-Pass-Prüfung geht ein Lehrgang voraus. Das ist ein lohnendes Ziel für Reiterferien!

Ein kleines, natürliches Hindernis musst du in der Reit-Pass-Prüfung geschickt überwinden können.

→ Mit diesem Buch kannst du dich auf die Prüfung zum Deutschen Reit-Pass vorbereiten.

Weiterführende Abzeichen

Aufbauend auf den Deutschen Reit-Pass kannst du spezielle weiterführende Abzeichen erwerben.

Angeboten werden:
- Wanderreiten (2 Stufen)
- Jagdreiten (2 Stufen)
- Distanzreiten (3 Stufen)

Für das Deutsche Reitabzeichen Klasse III und IV gibt es eine freiwillige Teilprüfung Geländereiten.

Die Autorin

Isabelle von Neumann-Cosel, Jahrgang 1951, ist Journalistin, Reitlehrerin und Turnierrichterin. Sie hat im FN*verlag* unter anderem „Das Pferdebuch für junge Reiter", fünf Titel einer Sachbilderbuchreihe, sieben Titel in der Hufeisen-Sachbuchreihe und zwei FN-Lehrfilme über die Reitausbildung von Kindern veröffentlicht.

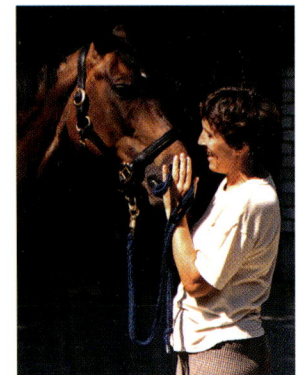

Die Illustratorin

Jeanne Kloepfer, Jahrgang 1966, ist Diplom Grafik-Designerin und Illustratorin. Sie lebt und arbeitet in Heidelberg. Nach dem Studium entschloss sie sich für die Selbstständigkeit und ist sowohl in der Werbung als auch bei Verlagen tätig – mit dem Schwerpunkt „Pferde".

Was Pferdefreunde wissen wollen

Kleines, Großes und Kombiniertes Hufeisen. So klappt die Prüfung
ISBN 3-88542-296-4

Pferde – meine besten Freunde
ISBN 3-88542-318-9

In der Reitschule
ISBN 3-88542-319-7

Pferdepflege macht Spaß
ISBN 3-88542-322-7

Kleine Ponys – große Pferde
ISBN 3-88542-323-5

Reiterferien sind ein Traum
ISBN 3-88542-333-2

Im Stall und auf der Weide
ISBN 3-88542-332-4

Dressur ist Gymnastik für Pferde
ISBN 3-88542-340-5

Keine Angst vor Hindernissen
ISBN 3-88542-345-6

Draußen ist Reiten am schönsten
ISBN 3-88542-355-3

Jeweils 48 bzw. 64 durchgehend farbig illustrierte Seiten, Format 17 x 24 cm, gebunden, je DM 26,80

Der Jugendbuch-Klassiker

Isabelle von Neumann-Cosel
Das Pferdebuch für junge Reiter

Der erfolgreiche Longseller im Jugendbuchprogramm des FNverlages wurde als attraktive Neubearbeitung aufgelegt. Mit aktualisiertem Inhalt und in völlig neuer, ansprechender Ausstattung bietet der Band eine unverwechselbare **Mischung aus Lesestoff und Lernhilfe** für den Umgang mit dem Pferd und das Reitenlernen. Empfehlenswert zur Vorbereitung auf die Prüfungen **Kleines, Großes** und **Kombiniertes Hufeisen** sowie **Reit-Pass**.

256 Seiten mit durchgehend farbigen Fotos und Illustrationen, Format 140 x 190 mm, gebunden, DM 38,00

ISBN 3-88542-331-6

1. Pferde brauchen Menschen

Pferde sind auf uns Menschen angewiesen. Wir Pferdefreunde tragen die Verantwortung dafür, dass es jedem einzelnen Pferd gut geht – auch du.

2. Pferde müssen richtig versorgt werden

Pferde brauchen Wasser und Futter, Licht und Luft, viel Bewegung und Kontakt zu anderen Pferden. Wir Pferdefreunde sorgen dafür, dass es jedem Pferd gut geht – auch du.

3. Die Gesundheit geht vor

Gesundheit und Zufriedenheit des Pferdes sind wichtiger als Erfolge um jeden Preis. Uns Pferdefreunden geht das Wohl jedes einzelnen Pferdes vor – auch dir.

4. Alle Pferde sind wertvoll

Alle Pferde verdienen Pflege und Zuneigung, egal ob jung oder alt, Weidepony oder Turnierpferd, Zuchthengst oder ausgedientes Schulpferd. Wir Pferdefreunde wissen, dass alle Pferde gleich gut behandelt werden müssen – auch du.

5. Pferde und Menschen haben eine lange gemeinsame Geschichte

Zwischen Pferden und Menschen besteht seit Tausenden von Jahren eine enge Verbindung.
Wir Pferdefreunde sind bereit, vom enormen Wissen früherer Zeiten und fremder Kulturen über Pferde zu lernen – auch du.

6. Pferde sind gute Lehrer

Pferde spüren Ungeduld und Unbeherrschtheit. Sie belohnen Freundlichkeit und Geduld. Wir Pferdefreunde lernen gern von unseren Pferden – auch du.